| 차 례 |

## 마차를 타고 봉화를 올려요

바람처럼 빠른 발, 황소처럼 힘센 팔　10

데굴데굴 바퀴야 굴러라　14

굽이굽이 길을 따라　18

모락모락 연기가 전하는 말　22

## 항해를 하고 책을 읽어요

뚝딱뚝딱 인쇄술의 발달　28

새로운 땅을 찾아 나서는 항해　33

## 증기로 달리고 전화로 말해요

부글부글 증기의 힘으로 가는 자동차　40

칙칙폭폭 기차가 달린다　44

발 없는 말이 천 리 간다　48

초등사회 주제학습 03 교통과 통신

# 바퀴에서 우주선까지, 뗀기에서 인터넷까지

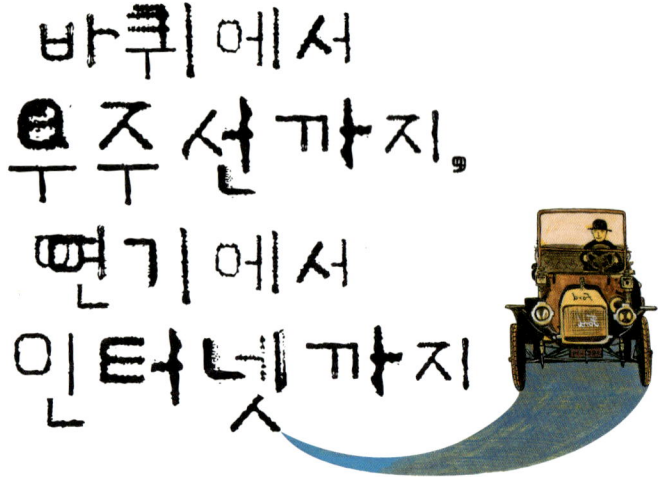

청동말굽 지음 | 민은정 그림

북멘토

| 여 | 행 | 을 | 시 | 작 | 하 | 며 |

너희들은 하루에 얼마나 움직이니?

또 무얼 타고 다니니?

빙글빙글 돌아가는 지구만큼이나 지구에 살고 있는 우리들도 날마다 움직이며 살고 있어.

걷기도 하고 버스나 기차, 지하철을 타기도 하고, 또 비행기나 배를 타고 더 먼 곳으로 가기도 하지.

움직이는 건 우리들뿐만이 아니야.

매일 먹는 쌀은 먼 시골에서 트럭에 실려 시장에 왔을 테고, 우리가 신는 신발은 멀리 다른 나라에서 배에 실려 오기도 해. 동물원의 북극곰은 더 먼 여행을 했겠지.

아, 움직이는 게 또 있다!

인터넷이나 방송, 전화 같은 통신수단을 통해 새로운 소식과 정보들도 분주히 움직이고 있잖아.

좀 엉뚱하긴 하지만 한번 생각해 봐. 어느 날 갑자기 이런 모든 것들이 멈춰 버린다면 세상은 어떻게 될까?

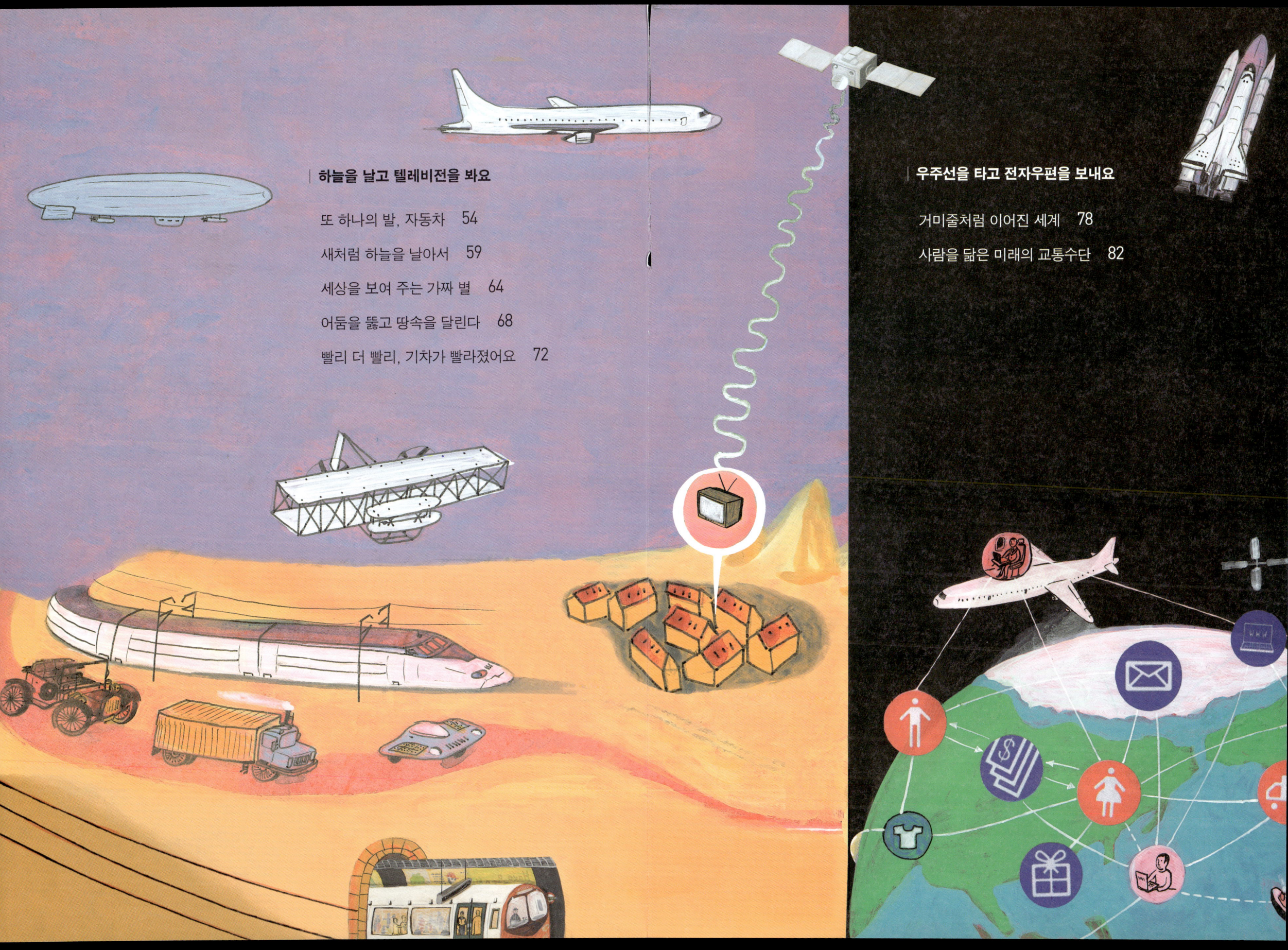

### 하늘을 날고 텔레비전을 봐요

또 하나의 발, 자동차　54

새처럼 하늘을 날아서　59

세상을 보여 주는 가짜 별　64

어둠을 뚫고 땅속을 달린다　68

빨리 더 빨리, 기차가 빨라졌어요　72

### 우주선을 타고 전자우편을 보내요

거미줄처럼 이어진 세계　78

사람을 닮은 미래의 교통수단　82

아빠는 걸어서 출근을 하고, 다른 나라에서 나는 것들은 구경도 못하고, 지구촌 곳곳의 소식을 전해 주는 텔레비전도 볼 수 없고, 시골에 계신 할머니와 전화도 할 수 없고,……. 상상만 해도 아찔하지?
교통과 통신은 우리 생활과 떼어 놓을 수 없을 만큼 중요해졌어.
그렇다면 이렇게 중요한 온갖 탈것들과 통신수단들은 어떻게 만들어졌을까?
맨 처음 바퀴 달린 자동차가 만들어졌을 때, 맨 처음 비행기가 하늘을 날았을 때, 세상 사람들은 얼마나 놀랐을까?
또 사람들의 생활은 어떻게 바뀌었을까?
교통과 통신에 관한 요모조모가 궁금하지 않니?
좋아, 그렇다면 책장을 넘기며 따라와 봐.
재미있는 발명의 순간과 지구가 점점 작아지는 마술 같은 때를 좇아 여행을 해 보자.
모두 준비되었니?
그럼, 출발!

고대 여행

# 1. 마차를 타고 봉화를 올려요

# 바람처럼 빠른 발, 황소처럼 힘센 팔

"와, 오늘 사냥은 정말 대단했어. 얼른 멧돼지를 집으로 옮기자."

사냥을 마친 사람들은 으랏차차 힘을 모아 멧돼지를 옮기려고 했어요. 하지만 멧돼지는 몇 사람의 힘으로는 꼼짝도 하지 않았어요. 또 바닥이 고르지 못해 멀리까지 끌어서 옮기기도 쉽지 않았지요.

"이 무거운 멧돼지를 쉽고 빠르게 옮길 수 있는 방법이 없을까?"

"아무래도 '힘센 팔'이 있어야겠어."

힘센 팔은 마을에서 가장 힘이 센 사람이에요. 힘센 팔은 얼마나 힘이 센지 무거운 돌덩이도, 나무도 번쩍번쩍 들어 올릴 수 있었지요. 또 손재주도 좋아 무엇이든 뚝딱뚝딱 잘 만들었어요.

힘센 팔을 데려오기 위해 빠르기로 유명한 소년 '빠른 발'이 마을을 향해 달리기 시작했어요. 바람을 가르며 쏜살같이 달려가는 소년을 보면서 사람들은 생각했어요.

'나도 저렇게 빨리 달릴 수 있으면 얼마나 좋을까?'

얼마 후, 빠른 발이 힘센 팔을 데리고 돌아왔어요. 먼저 힘센 팔은 숲을 헤치며 단단한 나뭇가지와 줄기를 모았어요. 그러고는 뚝딱뚝딱 금방 나무 썰매를 만들었어요. 힘센 팔이 썰매에 멧돼지를 단단히 묶고 끌자 커다란 멧돼지를 실은 썰매가 미끄러지면서 아까보다 훨씬 쉽고 빠르게 움직였어요. 사람들의 눈이 휘둥그레졌어요.

"아무리 무거운 것도 저렇게 도구를 이용하면 쉽게 옮길 수 있군."

"여러 사람이 썰매를 끌면 더 빨리 움직일 거야."

"사람이 끌 게 아니라 힘센 동물들을 길들여 썰매를 끌게 하면 어떨까?"

마을로 돌아온 사람들은 빠른 발과 힘센 팔을 닮은 여러 가지 도구들을 만들고, 가축들을 길들이기 시작했어요.

빠르게 움직이고, 멀리까지 소식을 전하고, 또 무거운 짐을 옮기기 위해서는 바람처럼 빠른 발과 황소처럼 힘센 팔이 있어야 해요. 하지만 누구나 빠르고 기운이 세지는 않아요. 그래서 아주 먼 옛날 사람들은 빠른 발과 힘센 팔을 대신할 수 있는 것들을 곰곰 연구하기 시작했어요.

먹잇감으로 사냥했던 동물들을 길들여 타고 다니거나 짐을 싣기도 했어요. 특히 당나귀나 낙타는 짐을 싣고 먼 길을 가기에 아주 훌륭한 교통 수단이었어요.

이집트 사람들은 통나무 굴림대를 깔고 그 위로 큰 돌덩이를 굴려 놓고 커다란 피라미드를 만들었어요.

육지뿐만 아니라 물에서도 움직일 수 있다면, 강 건너에도 가 볼 수 있겠죠? 그래서 사람들은 간단한 배를 만들었어요.

갈대를 엮어 만든 배, 통나무배, 가죽에 바람을 넣어 물에 띄운 배 등 여러 가지 배들이 만들어졌지요.

짐승을 타고, 굴림대와 썰매를 이용하고, 간단한 배를 만들어 타면서 사람들은 더 빨리, 더 멀리까지 움직일 수 있었어요.

옛날 사람들에게 더 빨리, 더 멀리 움직이는 일은 매우 중요했어요. 사냥에서 목숨을 구하는 것은 물론이고 더 많은 사냥감을 얻기 위해서는 사나운 동물들보다 빨라야 했으니까요. 또 옆 마을과의 싸움에서도 유리했지요. 전쟁에서 이겨 멀리까지 힘을 뻗어 나간 마을은 큰 나라로 발전할 수 있었답니다.

마차를 타고 봉화를 올려요

# 데굴데굴
# 바퀴야 굴러라

"어이쿠, 돌림판이 멀리까지 굴러가네."

그릇을 만드는 도공이 데굴데굴 굴러가는 돌림판을 잡으러 쫓아갔어요. 하지만 데굴데굴 빠르게 굴러가는 돌림판을 따라잡기란 여간 어렵지 않았어요. 한참을 구르던 돌림판이 데구루루 옆으로 쓰러지면서 멈췄어요. 그제야 도공은 돌림판을 잡을 수 있었지요.

돌림판은 그릇을 만들 때 쓰는 동그란 나무판이에요. 그 위에 진흙을 놓고 돌리면 쉽게 그릇을 만들 수 있지요.

도공은 후유 숨을 고르고 주저앉아 돌림판을 이리저리 살펴보며 생각했어요.

'고것 참 잘도 구르네. 이 돌림판을 썰매에 달면 힘을 많이 들이지 않고도 쉽게 썰매를 끌 수 있지 않을까?'

도공은 돌림판처럼 동그란 나무판을 만들어 가운데 구멍을 뚫고 단단한 나무막대를 꽂았어요. 돌림판이 편리한 '바퀴'로 탈바꿈한

거지요. 도공은 이렇게 만든 바퀴를 썰매에 달았어요. 바퀴를 달자 힘들게 끌어야 했던 썰매가 데구루루 빠르게 움직이기 시작했어요.

'바퀴 달린 수레만 있으면 뭐든 실어 나르는 데 훨씬 수월하겠어! 수레에 곡식도 싣고, 그릇도 싣고, 사람까지 태울 수 있으니까.'

바퀴를 쓰면서 도공의 생활은 많이 달라졌어요. 자기 마을에서만 그릇을 팔던 도공은 당나귀가 끄는 수레에 그릇을 가득 싣고 이웃 마을까지 가서 장사를 했어요. 덕분에 더 많은 그릇을 팔아 부자가 될 수 있었지요. 또 먼 곳에서 나는 질 좋은 흙을 수레에 싣고 와서 예전보다 더 좋은 그릇을 만들었어요.

도공의 수레를 본 사람들은 너도나도 바퀴를 만들어 쓰기 시작했어요.

얼마 지나지 않아 길가 여기저기에서 바퀴 달린 여러 가지 탈것들을 볼 수 있었답니다.

바퀴는 사람이 만든 가장 빼어난 발명품 가운데 하나예요. 수레바퀴, 자동차 바퀴, 톱니바퀴 등 그 종류도 다양해요. 우리 생활 곳곳에서 유용하게 쓰이는 바퀴가 없었다면 시계도, 자동차도, 기차도 움직일 수 없었을 거예요.

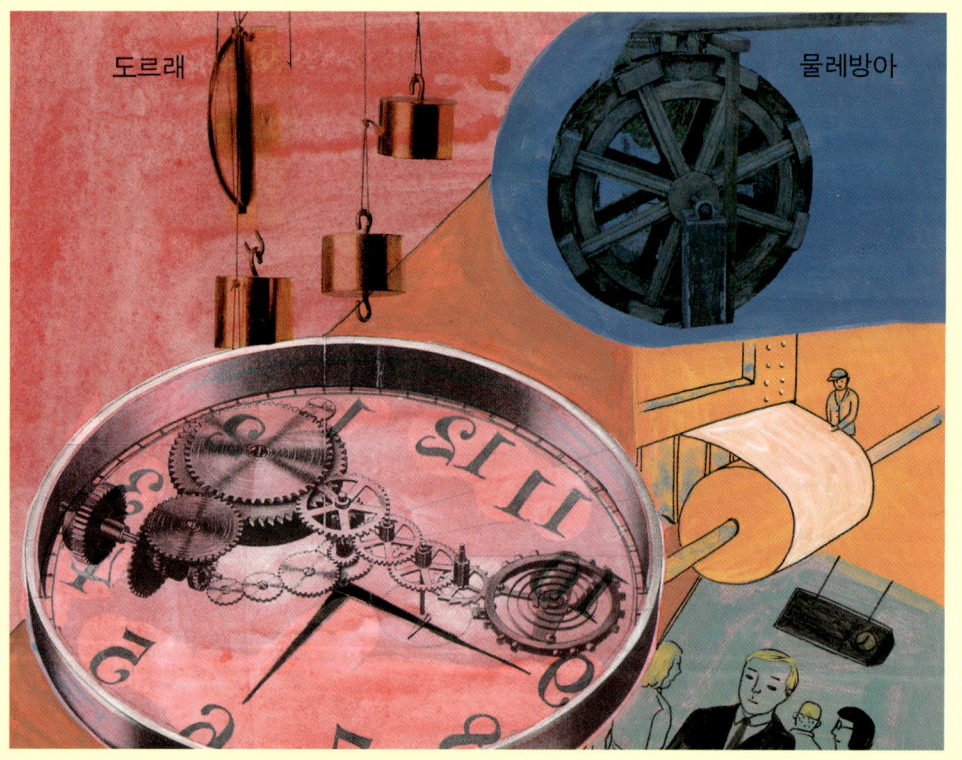

바퀴는 약 5천 년 전 메소포타미아 지방에서 만들어졌어요. 이곳 사람들은 그릇을 만들 때 바퀴를 회전판으로 썼고, 무거운 짐을 옮길 때는 바퀴 달린 썰매를 끌기도 했어요.

시간이 흐를수록 바퀴가 달린 여러 가지 탈것들이 만들어졌고 바퀴의 모양과 쓰임새도 점점 발달하게 되었어요.

맨 처음 사용된 바퀴는 딱딱한 나무를 그대로 자른 동그란 나무판이었어요. 이 나무바퀴를 나무축에 연결해서 편리한 도구들을 만들었어요.

나무바퀴는 울퉁불퉁 고르지 못한 땅에서 쉽게 닳아 버렸어요. 그래서 바퀴가 땅에 닿는 테두리에 철을 입혀 오래 쓸 수 있게 만들었지요.

나무판으로 만든 바퀴는 무겁고 조종하기 힘들었어요. 그래서 나무판에 구멍을 뚫거나 바퀴살을 만들어 바퀴가 가볍게 잘 돌 수 있도록 했어요.

바퀴가 달린 여러 가지 탈것들이 만들어지면서 사람들은 더 빨리, 더 멀리 움직이게 되었어요. 또 예전보다 더 많은 물건들을 싣고 나를 수 있게 되었지요. 이제 사람들은 마차나 수레를 이용해 짐을 옮기고, 전쟁을 치르고, 여행을 떠나게 되었어요.

마을과 마을을 잇는 길이 생기고, 그 길을 따라 말로만 듣던 먼 곳을 직접 갈 수 있게 되었어요. 외진 곳까지 사람들이 드나들게 되면서 곳곳에 새로운 마을들이 생겨났지요.

# 굽이굽이 길을 따라

"로마까지는 얼마나 남았습니까?"

마차에서 내린 사내가 군인에게 물었어요.

"로마까지는 이 길을 따라 하루 정도 더 가야 하오."

군인이 곧게 뻗은 길을 가리키며 대답했어요. 로마로 이어지는 길은 짐을 가득 실은 수레, 행진하는 군사들, 먼 곳으로 여행을 떠나는 귀족들의 마차로 언제나 활기에 넘쳤어요.

또 길이 어찌나 튼튼한지 쇠바퀴가 달린 마차가 지나가도 끄떡 없었지요. 모래로 다지고 그 위에 거친 자갈과 고운 자갈을 깔고 다시 맨 위에 평평한 큰 돌을 깔아 단단한 콘크리트로 고정시켰거든요.

로마의 군사들은 이 길을 오가며 수많은 전쟁에서 승리를 거두었어요. 로마가 전쟁에서 이기고 차지한 곳에는 어김없이 로마로 이어지는 도로가 만들어졌지요. 도로가 잘 깔려 있어야 더 쉽게 다른 나라를 다스릴 수 있으니까요. 또 로마의 음식, 옷, 집, 종교, 생활 등도 길을 따라 널리 퍼뜨릴 수 있고요.

여행하는 사람들이 많아지면서 도로를 따라 역이 생겨났어요. 역에는 말과 사람들이 쉬어 갈 수 있는 마구간과 여관이 있었어요.

"어서 로마에 도착해서 이 물건들을 넘겨야 할 텐데. 여관에서 자다 도둑이라도 만나면 어쩌지."

사내가 걱정스런 얼굴로 말했어요. 사실 여관은 안전한 곳이 아니었어요. 여행자들을 노리는 강도들이 들끓었고, 더러운 침실과 맛없는 음식 때문에 기분이 상하기 일쑤였거든요.

"오늘 밤은 우리 군대가 이곳에 머물 테니 아무 걱정 마시오."

군인의 말에 그제야 상인의 얼굴이 환해졌어요. 그날 밤 상인은 아주 오랜만에 다디단 잠을 잘 수 있었답니다.

•• 바퀴가 널리 쓰이면서 가장 필요한 것은 잘 닦인 길이었어요. 매끄럽게 닦여 있는 길만 있다면 어디든 빠르게 갈 수 있으니까요.

아주 오래된 도시들에도 곧게 뻗은 도로가 사방으로 나 있었어요. 그리고 집과 집을 연결하는 구불구불한 좁은 골목길들이 거미줄처럼 이어져 있었지요. 곧은 도로로 수레와 마차가 달렸고, 골목길을 따라 사람들이 지나다녔어요.

옛날 길의 이름은 그 길을 따라 운반하던 물건의 이름에서 따온 것이 많아요. 길을 따라 먼 곳까지 물건이 오갔기 때문이지요. 유럽에서 가장 오래된 '호박도로'는 호박(보석의 일종)과 주석을 옮기던 길이었어요. 또 중국에서 인도를 지나 유럽으로 이어지는 '실크로드'는 비단(실크)을 비롯해 여러 물건을 교환하는, 동양과 서양을 잇는 중요한 길이었어요.

실크로드는 낙타를 타고 한 번 오가는 데 10년이나 걸리는 먼 길이었어요. 이 길을 통해 동양과 서양은 서로를 잘 알게 되었답니다.

로마와 카푸아를 잇는 아피아 도로는 로마의 첫 공공 도로였어요. 로마는 뛰어난 도로 건축으로 유명해요. '모든 길은 로마로 통한다.'라는 말이 나올 만큼 곳곳으로 이어진 로마의 튼튼한 도로는 오랫동안 유럽에서 도로를 만드는 데 기준이 되었어요.

길이 잘 닦여 있지 않은 나라나 도시는 발전할 수 없어요. 외따로 떨어져 다른 지역과 교류하지 못하기 때문이지요. 그래서 사람들은 열심히 길을 만들었어요. 길이 이어지는 곳으로 소식이 전해졌고, 큰길이 닿는 곳에 커다란 시장이 들어섰지요. 이제 마을과 마을이 길로 이어지고, 도시와 도시는 길을 따라 더욱 가까워졌어요.

도시와 나라들이 길로 이어지면서 여러 사람이 함께 여행할 수 있는 좀더 크고 빠른 마차도 만들어졌어요. 사람들은 마차에 짐을 싣고 더 살기 좋은 곳을 찾아 떠났어요.

다른 곳으로 오가는 사람들과 짐들이 늘어나면서 곳곳에 쉬었다 갈 수 있는 역이 생겨났어요. 마차가 쉬었다 가는 역에는 사람들이 많이 모였어요. 이곳에는 먹고 쉴 곳은 물론이고 일자리를 소개해 주는 곳, 물건을 맞바꾸거나 사고 팔 수 있는 곳 등이 생겼지요.

마차 안은 새로운 소식이 오가는 장소이기도 했어요. 각각 다른 곳에서 와서 한 마차를 탄 사람들은 서로 새로운 소식들을 전했고, 이 소식들은 다시 길을 따라 멀리멀리 퍼져 나갔어요. 이렇게 멀리까지 이어진 길은 사람들의 마음도 이어 주었답니다.

# 모락모락 연기가 전하는 말

"외적이다! 적들이 쳐들어온다!"

모두들 잠든 깊은 밤, 어둠을 뚫고 외적이 침입해 왔어요.

"산꼭대기에 불을 피워 전쟁이 났음을 온 나라에 알려라!"

산꼭대기에 전쟁을 알리는 불기둥이 솟아올랐어요.

"북을 울려 백성들을 모아라!"

성을 지키던 병사들이 커다란 북을 두드리며 사람들을 깨우기 시작했어요. 둥둥둥! 커다란 북소리가 멀리멀리 퍼져 나갔어요. 깊은 잠에 빠져 있던 사람들이 북소리에 놀라 눈을 떴어요.

"어서 무기를 꺼내 들고 성으로 가자!"

아이부터 노인까지 전투 준비를 하고 성으로 모였어요.

"공격하라! 성을 지켜라!"

성을 지키기 위한 치열한 전투가 벌어졌어요. 두둥두둥! 북소리에 맞추어 활을 당기고, 북소리에 맞추어 성 밖으로 커다란 돌을 던졌어요. 하지만 적들은 좀처럼 물러서지 않았어요.

"우리 힘으로는 부족하다. 어서 말을 타고 이웃 마을로 가서 도움을 구해라."

장군의 명령을 받은 병사가 말을 타고 화살처럼 이웃 마을을 향해 달렸어요. 병사는 잠시도 쉬지 않고 있는 힘을 다해 먼 길을 달렸어요. 얼마 후 병사는 이웃 마을에 닿았어요.

"장군, 외적이 쳐들어왔습니다. 도움이 필요합니다."

이웃 마을을 지키는 장군은 병사들을 내주었어요. 그리고 임금님이 계시는 궁궐로 급히 사람을 보냈어요. 날이 밝자 불기둥과 연기로 신호를 받은 곳곳에서 병사들이 모여들었어요. 또 며칠 후에는 임금님이 보낸 장군들이 병사들을 이끌고 모여들었어요.

얼마 지나지 않아 전쟁이 끝나고 평화를 알리는 북소리가 울려 퍼졌어요. 두두둥둥!

"와! 우리가 이겼다! 적들을 물리치고 우리가 이겼다!"

사람들은 무기를 거두고 북소리에 맞추어 사랑하는 가족들이 기다리는 집으로 돌아가는 행진을 시작했어요.

옛날에는 멀리 있는 사람들끼리 연락을 주고받기가 쉽지 않았어요. 사람이 먼 길을 움직여 소식을 전하려면 많은 시간이 걸렸기 때문이지요. 그래서 나라에 위급한 일이 생기거나 전쟁이 나면 멀리서도 잘 들을 수 있는 큰 소리를 내거나 연기처럼 멀리서도 눈에 잘 보이는 신호로 소식을 전했어요. 하지만 이런 신호로는 자세한 내용을 알 수 없었기 때문에 중요한 소식을 전할 때에는 사람이 직접 편지를 가져가거나, 말을 타고 달려가 소식을 전해야 했어요.

우리 나라 옛 지도인 '해동팔도봉화산악지도'에는 산봉우리 위에 촛불처럼 그려 놓은 것들이 많아요. 이것이 바로 봉화를 올리는 봉수대를 표시한 거예요.

어떻게 봉화를 보고 무슨 일이 일어났는지 알 수 있었을까요? 비밀은 바로 봉화의 개수에 있어요. 외적이 나타나면 2개, 적과 싸움이 벌어지면 5개의 봉화가 타올랐지요. 사람들은 봉수대에서 피어오르는 불기둥과 연기를 세어 나라에 어떤 일이 일어났는지 알았답니다.

전화나 텔레비전 같은 통신수단이 없던 옛날에는 연기나 불기둥을 피워 올려 소식을 전하는 봉화가 아주 중요한 통신수단이었어요.

우리 조상들은 멀리서도 볼 수 있도록 높은 산봉우리에 봉수대를 만들었어요. 전쟁이 나거나 나라에 위급한 일이 생기면 낮에는 연기를 피워 올리고, 밤에는 불기둥으로 소식을 전했어요. 그러면 건너편 산에서 이 불빛이나 연기를 보고 똑같이 봉화를 피워 올렸어요. 이 봉화는 다시 건너편 산꼭대기 봉수대로 이어져 방방곡곡까지 소식을 전할 수 있었답니다.

대항해 시대 여행

# 2 항해를 하고
# 책을 읽어요

# 뚝딱 뚝딱 인쇄술의 발달

"밤을 꼬박 새웠지만 이만큼밖에 쓰지 못했네. 큰일이군, 이 많은 글을 언제 다 베껴 쓰나."

글씨 잘 쓰기로 소문난 청년이 울상을 지었어요. 다음 주까지 스무 권의 책을 만들어야 하는데, 몇 날 며칠을 꼬박 새웠지만 아직 채 열 권도 마치지 못했거든요. 손으로 글씨를 베껴 책을 만드는 일은 무척 더디고 힘들었어요. 자칫 한 글자라도 틀리면 처음부터 다시 써야 하기 때문에 정신을 바짝 차려야 했지요.

"후유, 드디어 다 마쳤군. 하지만 언제까지 이렇게 힘들게 책을 만들어야 하지?"

어렵게 일을 마친 청년은 좀더 쉽고 빠르게 책을 만들 수 있는 방법을 찾아보기로 했어요. 그러던 어느 날, 도장을 파고 있는 노인을 보면서 좋은 생각이 떠올랐어요.

"맞아, 종이 한 장에 들어가는 내용을 나무판에 똑같이 파서 그걸

종이에 찍어 내는 거야. 저 도장처럼 말이지."

청년은 목각 일을 하는 친구와 함께 나무판에 글씨를 새겨 넣기 시작했어요. 처음 하는 작업이라 수없이 나무판을 버리기는 했지만 며칠 후, 마침내 책 한 장을 그대로 옮긴 나무판 한 장을 완성했어요.

"이 나무판에 먹을 묻히고 종이에 찍어 내면 수십 권이 뭐야, 수백 권의 책도 쉽게 만들 수 있을 거야."

청년은 조심스럽게 나무판에 먹을 묻혀 종이에 찍어 냈어요. 순식간에 종이에 글씨가 찍혔어요. 청년은 나무판을 들고 뛸 듯이 기뻐했어요.

•• 인쇄술이 발달하기 전에는 책을 만드는 일이 무척 까다롭고 어려웠어요. 사람이 일일이 송아지나 양 가죽으로 얇게 만든 양피지 혹은 종이에 손으로 글을 써서 책을 만들어야 했기 때문이에요. 그래서 책은 무척 귀하고 비싼 물건이었지요. 보통 사람들이 책 한 권을 갖기란 하늘의 별 따기였어요.

사람들은 더 쉽고 빠르게 책을 만드는 방법들을 연구하기 시작했어요. 얼마 후 사람들은 도장처럼 나무판이나 상아 조각에 글씨를 새겨 종이에 찍어 내는 목판 인쇄를 하기 시작했어요. 목판 인쇄는 손으로 책을 베끼는 것보다 편리했지만 책을 통째로 나무판에 새기는 일은 역시 더디고 어려운 작업이었지요.

고려 때 만들어진 '팔만대장경판'은 세계가 인정한 빼어난 문화유산이에요. 지금까지도 전해 내려오는 팔만대장경판은 팔만 장이 넘는 나무판에 부처님의 말씀을 아름답게 새겨 넣은 목판이랍니다.

서양에서는 알파벳을 하나씩 금속 글자로 만들어서 합치면 어떤 문장이든 만들어 낼 수 있었어요. 이렇게 낱자로 만들어 움직일 수 있는 글자를 '활자'라고 해요. 인쇄를 할 때는 이 금속 활자들을 모아 낱말을 만들고, 또 낱말을 바르게 배열해 문장을 만들지요.

활자들을 모아 인쇄할 면을 채운 활자판을 인쇄기 위에 올려놓고 잉크를 칠해 종이에 눌러 찍으면 인쇄가 돼요. 구텐베르크는 이런 방법으로 성경책을 만들었어요.

독일의 구텐베르크는 나무판에 글자를 새기는 대신 쇠를 녹여 알파벳 활자를 만들고, 기름을 짜는 압축기를 뜯어서 인쇄기를 만들었어요. 활자를 이용한 인쇄는 목판 인쇄보다 훨씬 빠르고 손쉬웠지요.

이렇게 금속 활자를 사용해 책을 만든 것은 구텐베르크가 처음이 아니었어요. 구텐베르크보다도 200년 먼저, 우리 나라에서 세계 최초로 금속 활자가 만들어졌어요. 지금은 남아 있지 않지만 '고금상정예문'은 우리 나라 최초의 금속 활자본으로 알려져 있어요. 또 그보다 뒤에 만들어진 '직지심경'은 세계에서 가장 오래된 금속 활자본이지요.

유네스코 세계기록유산으로 지정된 직지심경

구텐베르크의 인쇄술은 유럽 여러 나라로 퍼져 나갔고, 곳곳에 인쇄소가 만들어졌어요. 비싼 양피지 대신 종이에 인쇄된 책들이 만들어지면서 책값이 싸졌어요. 덕분에 좀더 많은 사람들이 책을 읽을 수 있게 되었지요.

인쇄술의 발달로 사람들의 생활이 많이 달라졌어요. 그 동안 입에서 입으로 전해지던 정보가 책을 통해 동시에 많은 사람들에게 전달되었어요. 예전에는 적은 수의 사람들만 알고 있었던 새로운 지식이나 소식들도 많은 사람들이 함께 나눌 수 있게 되었답니다. 또한 사람들은 가 보지 못한 낯선 곳에 대해서도 책을 통해 알게 되었어요.

인쇄술의 발달로 사람들은 새로운 세상에 눈을 뜨게 되었답니다. 무엇이든 아는 만큼 더 잘 보이는 법이니까요.

# 새로운 땅을 찾아 나서는 항해

'저 바다 너머에는 무엇이 있을까?'

콜럼버스가 대서양을 바라보며 생각했어요. 누구보다 열심히 배를 탔던 콜럼버스는 항해를 하면 할수록 바다의 흐름과 바람에 대해 잘 알게 되었지요.

'지구가 둥글다면 대서양 반대쪽에는 황금이 가득한 인도가 있을 거야.'

콜럼버스는 마르코 폴로가 인도를 여행하고 돌아와 쓴 책을 읽으며 언젠가 자기도 인도로 향하는 항해를 떠나리라고 다짐했어요.

그러던 어느 날, 콜럼버스는 조난을 당하는 바람에 포르투갈에 오게 되었어요. 포르투갈의 항구는 거대한 배들과 세계 여러 나라 선원들로 활기에 넘쳤어요. 젊은 콜럼버스에게 포르투갈은 탐험을 계획하기에 더없이 좋은 곳이었지요.

탐험 계획을 꼼꼼하게 세워 나가던 콜럼버스에게 가장 필요한 것은 탐험에 필요한 돈이었어요. 콜럼버스는 포르투갈의 왕을 찾아가 자신의 계획을 말하고 도움을 청했으나 거절당했지요. 하지만 콜럼버스는 포기하지 않고 에스파냐로 가서 왕과 왕비에게 도움을 청했어요.

"폐하, 배를 타고 서쪽으로 가면 인도에 닿을 수 있습니다. 제게 배와 선원, 보급품을 주십시오. 제가 인도로 가는 항로를 개척해 온갖 보물은 물론이고 교역으로 생기는 이익을 왕실에 바치겠습니다."

하지만 이번에도 콜럼버스는 후원을 받아 내지 못했어요.

실망한 콜럼버스가 프랑스 왕에게 도움을 청하기 위해 프랑스로 떠나려 하는 순간, 에스파냐 왕의 전령사가 콜럼버스를 찾아왔어요.

"왕과 왕비께서 당신을 돕기로 결정하셨습니다."

이 소식에 콜럼버스는 뛸 듯이 기뻐했어요. 콜럼버스는 에스파냐 왕과 친구가 마련해 준 배 세 척을 가지고 본격적인 항해에 나섰어요.

•• 콜럼버스가 살던 때의 유럽 사람들은 지구가 둥글다는 것을 알고 있었어요. 하지만 정확한 지구의 모습을 몰랐기 때문에 세상에는 유럽과 아프리카, 아시아 대륙만 있다고 생각했어요. 또 많은 사람들이 바다를 계속 항해해 유럽의 반대편으로 가면 인도에 닿을 수 있다고 생각했어요. 그들은 아시아를 인도라고 생각하고 그곳에 가면 온갖 보물과 향료, 비단을 얻을 수 있다고 믿었지요. 그래서 많은 사람들이 인도와 교역할 수 있는 길을 찾기 위해 탐험을 떠났어요. 바로 콜럼버스처럼 말이지요.

이렇게 탐험가들이 머나먼 항해에 나설 수 있었던 것은 새로운 배들이 만들어지고, 항해술이 발달했기 때문이에요. 또 바닷길을 알려 주는 지도들이 만들어져 탐험가들의 항해를 도왔지요.

거친 바다를 오랫동안 항해하려면 무엇보다도 방향을 잘 잡는 튼튼하고 빠른 배가 필요했어요. 그래서 사람들은 배에 방향을 조절하는 키를 달아 원하는 방향으로 나아갈 수 있게 했어요. 또 뾰족한 삼각돛을 달아 바람의 영향을 덜 받고 앞으로 나아가도록 만들었지요.

드넓은 바다를 항해하기 위해서 배가 나아가는 방향과 위치를 측정할 수 있는 항해 도구들도 만들었어요. 자석으로 된 바늘이 돌아가면서 방향을 알려 주는 '나침반', 별들을 관측해서 배의 위치를 알아내는 '사분의'와 '육분의', 배 위에서 태양의 높이로 시간을 측정한 후 출발한 곳의 시간과 비교해 배의 위치를 알아내는 해상시계 '크로노미터' 등은 낯선 곳으로의 먼 항해를 도와주었어요.

키라크 선인 산타마리아 호를 타고 에스파냐의 팔로스 항구를 떠난 콜럼버스는 어떻게 되었을까요?

콜럼버스는 몇 달 후, 마침내 육지에 닿았어요. 콜럼버스는 자기 생각대로 마침내 인도에 도착했다고 여겼지요. 하지만 실제로 콜럼버스가 도착한 곳은 지금의 아메리카 대륙이었어요. 콜럼버스는 인도가 아니라 새로운 대륙을 발견한 거예요.

콜럼버스가 항해에 성공한 후, 많은 사람들이 대서양을 가로질러 항해를 했어요. 탐험가들은 콜럼버스처럼 인도에 가고 싶어 대서양을 항해했어요. 하지만 자신들이 도착한 곳이 유럽 사람들에게 알려지지 않은 새로운 땅이라는 것을 알게 되었지요.

육분의

지도

뾰족한 삼각돛을 단 카라벨 선은 가볍고 속력이 빨라요.

콜럼버스의 항해는 지금까지 알려지지 않았던 세계를 향한 첫걸음이 되었어요. 배와 나침반에 의지해 낯선 바다를 항해한 탐험가들의 활약으로 사람들은 지구의 정확한 모습에 대해 알게 되었고, 더 넓은 세상이 있다는 것을 깨닫기 시작했답니다.

네모난 사각 돛을 단 **키라크 선**은 속도는 카라벨 선보다 느리지만 튼튼해서 먼 거리를 항해하는 데 좋아요.

## 3 증기로 달리고 전화로 말해요
근대 여행

# 부글부글 증기의 힘으로 가는 자동차

"부글부글 끓는 물의 힘은 정말 대단해. 깊은 곳의 물을 끌어올릴 수도 있고, 수십 마리의 말들이 하는 일을 단숨에 해치울 수 있으니. 그래, 증기의 힘을 이용하면 말 없이도 혼자 움직이는 자동차를 만들 수 있을 거야! 자동차만 있으면 무거운 대포나 탄환도 쉽게 운반할 수 있겠지."

프랑스 군인인 기술자 퀴뇨는 대포나 탄환을 옮길 커다란 자동차를 만들기로 했어요. 말이나 소, 당나귀 같은 동물의 힘을 빌리지 않고 스스로 움직이는 자동차를 만든다는 퀴뇨의 계획은 다른 사람들에게는 꿈 같은 이야기로 들렸어요. 하지만 퀴뇨는 2년 동안 연구와 실험을 거듭하며 자동차를 만들기 위해 노력했어요.

"드디어 증기 자동차를 완성했다!"

어느 날 퀴뇨가 뛸 듯이 기뻐하며 소리쳤어요. 퀴뇨가 만든 커다란 증기 자동차는 앞바퀴가 하나, 뒷바퀴가 둘 달린 삼륜차였어요.

퀴뇨는 자동차 앞바퀴 주위에 물을 끓여 증기를 모으는 장치와 증기 엔진, 구동 장치 등을 하나로 모았어요. 그래야 뒷부분에 자리가 많이 생겨 대포나 탄환 같은 무거운 짐을 실을 수 있을 테니까요.

"이제 시험 운전을 해 봐야지."

퀴뇨의 증기 자동차는 앞부분이 너무 무거워 방향을 잡기가 무척 어려웠어요. 게다가 브레이크가 달려 있지 않아 마음대로 멈출 수도 없었어요. 또 15분마다 물을 다시 넣어 주어야 했지요.

드디어 시험 운전이 시작되었어요. 겨우겨우 방향을 잡아 움직이던 증기 자동차가 내리막길에서 갑자기 속도가 빨라졌어요.

"어, 어, 차가 멈추질 않아! 으악!"

결국 증기 자동차는 내리막길에서 멈추지 못하고 그대로 벽에 부딪혀 불에 타고 말았어요. 세계 최초의 증기 자동차 시험 운전은 이렇게 실패했지만 퀴뇨는 여기서 포기하지 않고 연구를 계속했어요.

'언젠가 많은 사람들이 자동차를 타고 다니는 날이 꼭 올 거야.'

•• 나무 대신 높은 열을 낼 수 있는 석탄을 에너지로 사용하게 되면서 세상은 많이 달라졌어요. 하지만 땅속에 묻혀 있는 석탄을 캐내는 일은 언제나 많은 위험이 따랐지요. 탄광이 무너져 광부들이 죽기도 하고, 탄광에 물이 스며들어 밖으로 퍼내야 했어요. 또 무거운 석탄을 도시까지 옮기는 것도 쉽지 않았어요.

이런 문제점들을 해결해 준 것이 바로 증기 기관이었어요. 증기 기관은 석탄으로 물을 끓여서 뿜어져 나오는 수증기로 피스톤을 움직여 에너지를 얻는 열기관이에요.

처음에는 이 증기 기관을 이용해 탄광에 고인 물을 퍼 올렸어요.

영국의 기술자 트레비식이 만든 증기 자동차는 움직일 때마다 소리도 크고 그을음도 심하고 폭발할 위험도 있었어요.

하지만 이런 위험에도 불구하고 속도와 방향을 마음대로 바꿀 수 있는 장치인 변속기어가 개발되는 등 기술이 발달하면서 증기 자동차 사용이 늘어났어요.

그 후 제임스 와트라는 기술자가 석탄을 적게 쓰면서도 더 힘이 센 증기 기관을 만들었어요. 와트의 증기 기관은 광산은 물론이고 옷감을 짜는 기계에도 사용되었지요. 또 증기의 힘으로 움직이는 새로운 자동차를 만드는 데에도 쓰였어요.

증기 기관은 자동차뿐만 아니라 기관차, 증기선 등 다른 교통 기관들도 발달시켰어요. 그 중 바다나 강을 운항하는 증기선들은 수백만 명의 사람들을 다른 지역이나 다른 대륙으로 옮겨 주었지요. 덕분에 사람들은 예전에는 생각지도 못했던 먼 곳까지 여행을 떠나거나 새로운 보금자리를 찾아 움직일 수 있게 되었어요.

자동차가 늘어나자 끔찍한 교통사고 등 여러 가지 골칫거리가 생겼어요. 그래서 영국 여왕은 붉은 깃발을 흔들어 자동차가 오는 것을 미리 알려 주는 '적기조례'라고 하는 교통법규를 만들었어요.

# 칙칙폭폭 기차가 달린다

"자네 소문 들었나? 시커먼 화통이 바람처럼 빠르게 달린대."
"화통?"
"그랴, 뱀처럼 기다란 몸뚱이로 시커먼 연기를 토하면서 달리는데, 왹왹 우는 소리에 하늘도 땅도 한꺼번에 흔들리는 것 같다더군."

이야기를 주고받는 할아버지들의 얼굴에 호기심이 가득해요. 지금 이 할아버지들은 무엇에 대해 이야기하는 걸까요? 맞아요. 바로 증기로 달리는 기차 이야기를 하는 거예요.

1899년 9월 우리 나라에 처음으로 기차가 달리기 시작했어요. 우리 나라 최초의 기차는 미국에서 가져온 것으로 사람이 타는 객차와 짐을 싣는 화차를 달고 달리는 증기 기관차였어요.

이 기차는 인천의 제물포에서 서울의 노량진까지 시커먼 연기를 내뿜으며 칙칙폭폭 달렸어요. 예전에는 하룻길이었던 거리를 두 시간 안에 갈 수 있으니 사람들에게 기차는 무척 신기한 탈것이었지요.

　할아버지들은 쌈짓돈을 털어 기차를 타보기로 했어요. 기차 삯이 비싸기는 했지만 좋은 구경거리를 놓칠 순 없었어요.
　홱홱! 칙칙폭폭! 멀리서 기적 소리가 울리는가 싶더니 금세 시커멓고 기다란 기차가 철로 위로 미끄러지듯 들어왔어요. 기차가 구르는 소리에 할아버지들은 너무 놀라 땅바닥에 털썩 주저앉았어요.
　"거 소문대로구먼, 화통 소리에 땅이 흔들리는 것 같아."
　"땅만 흔들리면 다행이게, 하늘도 무너지는 것 같네."
　할아버지들이 겨우 정신을 차리고 기차에 올랐어요. 삐그덕 삐거덕 서서히 움직이던 기차가 바람처럼 달리기 시작했어요. 창 밖으로 보이는 나무도 산도 들도 모두 함께 달리는 것만 같았어요.
　"와, 기차가 어찌나 빠른지 새들도 따라오지 못하네그려."
　"이렇게 달리다가는 해 지기도 전에 세상 끝에 닿겠어."
　눈앞에 펼쳐지는 신기한 구경거리에 신나는 것도 잠깐, 할아버지들은 새보다 더 빠른 기차 속에서 울렁거리는 속을 다스려야 했답니다.

•• 1814년, 영국의 탄광에서 일하던 조지 스티븐슨은 석탄을 더 쉽고 빠르게 운반하기 위해서 증기 기관차를 만들었어요. 스티븐슨의 증기 기관차는 빠르게 석탄을 운반하고 승객들을 실어 날랐어요.

증기 기관차는 영국뿐만 아니라 유럽 다른 나라와 미국에도 보급되었어요. 증기 기관차는 철도가 없으면 달릴 수 없기 때문에 철도를 놓는 일도 빠르게 진행되었지요. 여러 나라에 철도 회사들이 설립되어 세계 곳곳에 철도를 놓았어요. 우리 나라에도 1899년에 경인선 철도가 생겼어요. 매끄럽고 튼튼한 철도는 도시와 도시, 나라와 나라를 이어 주었어요.

증기 기관차와 철도의 발달로 기계를 이용한 산업은 더욱 발달했어요. 증기 기관으로 기계를 돌리는 공장에서 한꺼번에 많은 물건을

만들어도 어디든 싣고 갈 수 있으니까요. 또 먼 곳에서 필요한 원료와 석탄을 빨리 실어 올 수도 있으니까요.

교통도 크게 발달해서 많은 사람들이 예전에는 꿈도 꾸지 못했던 빠른 속도로 먼 거리를 여행할 수 있게 되었어요. 증기 기관차는 마차나 배에 비해 많은 사람과 짐을 실을 수 있고, 시간을 정해 놓고 하루에도 여러 번 운행하기 때문에 사용하기도 편리했어요.

이제 사람들은 먼 곳과 가까운 곳을 가릴 필요가 없어졌어요. 그만큼 세상이 가까워졌기 때문이지요. 증기 기관차만 타면 어디든 물건을 보낼 수 있고, 어디든 빠르게 닿을 수 있었으니까요. 수많은 사람들이 증기 기관차를 타고 함께 여행하면서 지역 간의 거리는 물론, 마음의 거리도 줄어들었답니다.

초기 증기 기관차는 당시 가장 빠른 교통수단이었던 말이 끄는 우편마차보다 세 배나 빨리 달렸답니다.

# 발 없는 말이 천 리 간다

"툭툭툭, 전선을 통해 신호를 보내야지."

벨이 다른 방에 있는 친구에게 '전신'을 보냈어요. 신호를 받은 친구가 다시 신호를 보내왔어요.

"짧게 두 번, 길게 세 번……. 자기 방으로 오라는 말이군."

벨은 친구가 보낸 신호를 풀고는 그의 방으로 갔어요. 벨이 살던 시대에는 전신으로 먼 곳까지 전기 신호를 보내 소식을 전했어요. 전신 기계를 툭툭 쳐서 소리를 전선을 통해 보내면, 신호를 받은 쪽에서는 미리 약속해 두었던 신호의 길이로 그 내용을 알 수 있었지요.

벨은 듣고 말하지 못하는 아이들에게 말하는 법을 가르치는 선생님이었어요. 벨의 어머니도 소리를 듣지 못하고 말하지 못했기 때문에 벨은 어릴 때부터 사람의 목소리에 관심이 많았어요.

'전선을 통해 신호가 아니라 사람의 목소리를 그대로 전해 주는 기계를 만들 수는 없을까? 그러면 더 빠르고 정확하게 소식을 주고

받을 수 있을 텐데.'

벨은 아이들에게 소리를 가르쳤던 경험을 살려 기계를 잘 아는 왓슨과 함께 소리에 대해 연구하기 시작했어요.

"왓슨, 내 말이 들리나?"

벨이 며칠 전에 만든 새 전화기에 대고 말했어요. 하지만 옆방의 왓슨은 아무 대답이 없었어요. 웅웅거리는 소리만 들릴 뿐, 사람의 목소리는 들리지 않았어요.

벨은 좌절하지 않고 계속해서 새로운 기계를 만들어 실험했어요. 그리고 마침내 소리가 끊기지 않고 잘 전달될 수 있는 장치를 만들었어요. 1876년 3월 10일, 벨이 새로 만든 전화기에 대고 말했어요.

"왓슨, 이리 좀 와 주겠나?"

이 말은 전선을 통해 옆방에 있는 왓슨의 전화기로 전해졌어요.

"벨 선생님, 목소리가 들렸어요! 전화기로 선생님이 절 부르는 소리가 분명히 들렸어요."

왓슨이 헐레벌떡 벨의 방으로 뛰어왔어요. 벨과 왓슨은 너무 기뻐 어쩔 줄을 몰랐어요. 마침내 두 사람은 전화기를 만들어 냈어요.

•• 얼마 전까지만 해도 아주 급한 편지라도 말보다 빨리 전할 수 없었어요. 말이 끄는 우편마차는 아무리 빨리 달려도 먼 곳까지 가려면 한참이 걸렸으니까요. 하지만 전기가 발명되면서 소식을 주고받는 방법도 빨라졌어요. 사람들은 전기 신호로 편지보다 빠르게 소식을 전했어요. 하지만 툭툭, 윙윙거리는 전기 신호로는 정확한 소식을 전할 수 없었어요. 전선을 통해 사람의 목소리를 전할 수 있다면 구체적이고 정확하게 소식을 전할 수 있을 테지만요. 그래서 발명된 것이 벨의 전화기였어요. 멀리 떨어져 있는 사람의 목소리를 바로 옆에 있는 것처럼 들을 수 있다니, 마술과도 같은 일이었지요.

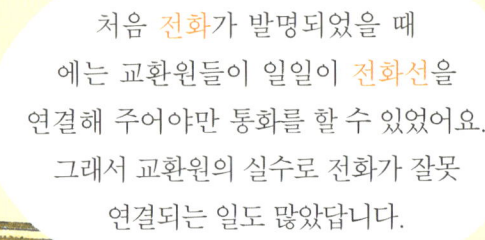

처음 전화가 발명되었을 때에는 교환원들이 일일이 전화선을 연결해 주어야만 통화를 할 수 있었어요. 그래서 교환원의 실수로 전화가 잘못 연결되는 일도 많았답니다.

마르코니는 농장에서 무선으로 신호를 보내는 실험을 했어요. 처음에는 납작한 금속판을 안테나로 사용했어요.

1912년, 빙산에 부딪쳐 가라앉던 타이타닉 호에서 보낸 무선 통신이 그 근처를 지나던 배에 전해져 수백 명의 사람들이 목숨을 구할 수 있었어요.

이탈리아의 과학자 마르코니는 전선 없이 신호를 보내는 무선 통신을 개발했어요. 안테나를 세워 신호를 주고받는 무선 통신은 전화선을 놓을 수 없는 대륙과 대륙 사이에도 소식을 주고받을 수 있게 했어요.

전화와 무선 통신의 발달로 세상은 점점 좁아졌어요. 사람들은 아무리 멀리 떨어져 있어도 전화기를 통해 서로의 목소리를 들을 수 있게 되었고, 언제 어디서든 빠르게 소식을 전할 수 있었어요.

눈에 보이지 않아도 바로 옆에서 이야기를 나누듯이 목소리를 들을 수 있는 세상, 이제 사람들에게 세상은 더 이상 넓은 곳이 아니었어요. 보이지 않는 신호가 세상 곳곳을 이어 주고 있으니까요.

# 4 하늘을 날고 텔레비전을 봐요
현대 여행

# 또 하나의 발, 자동차

"우리 자동차 공장이 잘 되려면 많은 사람들이 자동차를 타야 해."
자동차 회사를 경영하는 포드가 말했어요.

휘발유 자동차를 만드는 기술이 많이 발달하기는 했지만, 여전히 자동차는 돈 많은 사람들만 탈 수 있는 귀한 것이었어요. 그도 그럴 것이 수천 개의 부품이 들어가는 자동차를 만들기 위해서는 복잡한 과정을 거쳐야 했고, 수많은 기술자들의 손길이 필요했어요.

"자동차 가격을 내리려면 자동차 만드는 과정을 간단하게 해야 해. 하루에 만들어 낼 수 있는 자동차 양을 지금보다 늘려야 한다고."

포드는 쉽고 빠르게 또, 돈을 덜 들이면서 자동차를 만들 수 있는 방법을 찾기로 했어요. 그러면, 지금보다 훨씬 싼 자동차를 만들 수 있을 테니까요.

그래서 포드는 자동차 만드는 과정을 세세하게 나누었어요. 그리고 각 과정이 바로 다음 과정으로 넘어갈 수 있도록 자동 기계 장치를 만들었지요. 포드는 이 자동 기계 장치를 이용해 자동차 만드는 과정을 아주 간단하게 할 수 있었어요. 먼저 한쪽에서 차의 몸통을 조립해서 다음 과정으로 넘기면 거기서는 부속품을 조립했어요. 차의 나사를 조이는 사람은 나사만 조이면 되고, 핸들을 다는 사람은 하루 종일 핸들만 달면 되었지요. 이런 방법으로 포드는 T형 자동차를 만들었어요. 수천 대의 T형 자동차가 공장에서 만들어지면서 가격도 내려갔어요.

싼 자동차를 만들면 예전보다 훨씬 많은 자동차가 팔릴 거라는 포드의 생각은 적중했어요. 공장에서 일하는 사람들도, 가게에서 물건을 파는 사람들도 모두 맘만 먹으면 자동차를 살 수 있게 되었어요.

T형 자동차 덕분에 자동차는 사치품이 아니라 사람들의 또 하나의 '발'이 되었어요. 사람들은 자기 자동차를 타고 원하는 곳은 어디든 쉽게 오고 갈 수 있게 되었어요.

•• 증기 자동차가 나온 이래로 자동차를 만드는 기술은 나날이 발전해 드디어 휘발유 자동차가 탄생했어요. 1886년, 독일의 자동차 기술자 다임러는 바퀴가 4개 달린 마차에 휘발유 엔진을 얹어 휘발유 자동차를 만들었어요. 또 비슷한 시기에 벤츠도 휘발유 엔진을 단 바퀴 3개 달린 자동차를 만들었어요. 이들이 만든 휘발유 엔진은 가볍고 힘이 세서 먼 거리도 잔고장 없이 달릴 수 있었어요.

자동차가 달리는 속도가 빨라지면서 자동차의 빠르기를 겨루는 자동차 경주도 열리게 되었어요. 이 경주를 통해 더 빠른 자동차를 만들기 위한 기술자들의 연구도 더욱 활기차게 진행되었지요.

기술자들의 노력으로 공기타이어와 실용적인 엔진들이 개발되면서 자동차는 더욱 빨라지고 안전해졌어요. 하지만 자동차를 만드는 과정이 복잡했기 때문에 만들 수 있는 자동차의 양은 적고 값은 비쌌어요. 그래서 실제로 자동차를 살 수 있는 사람들이 적었지요.

많은 사람들이 자동차를 이용할 수 있게 한 사람이 바로 포드였어요. 그는 한꺼번에 많은 자동차를 만들 수 있는 공장을 세우고 값싸고 운전하기 쉽고, 수리도 간단한 T형 자동차를 만들었어요.

그 후로 많은 자동차 공장들이 만들어졌고 세계 어딜 가나 씽씽 달리는 자동차들을 볼 수 있게 되었지요.

대량 생산된 T형 자동차 덕분에 자동차는 개인용 교통수단이 되었어요.

이제 자동차는 사람들의 생활에서 빼놓을 수 없는 중요한 교통수단이며, 동시에 신나는 놀잇감이 되었어요.

자동차가 늘어나면서 구석구석을 잇는 도로들이 만들어졌어요. 나라 구석구석이 도로로 연결되고, 나라와 나라 사이를 잇는 도로도 더 넓어지고 길어졌어요.

잘 닦인 도로가 늘어나면서 고장 간에 교류가 활발해지고 균형 있는 발전을 이룰 수 있게 되었어요. 자동차를 타면 어디든 갈 수 있고, 필요한 게 있으면 자동차로 모두 실어 나를 수 있으니까요.

이제 세계 어디든 자동차가 닿지 않는 곳이 없을 만큼 자동차는 사람들의 발 노릇을 톡톡히 하고 있어요.

하지만 자동차가 늘어나면서 나빠진 것도 있어요. 수많은 자동차가 내뿜는 매연 때문에 공기가 오염되고, 교통사고로 목숨을 잃는 사람들도 많아졌어요. 그래서 사람들은 좀더 안전하고 공기를 더럽히지 않는 깨끗한 연료로 달리는 자동차를 개발하고 있지요.

도시에서 멀리 떨어진 곳에 공장을 세워도, 일터와 멀리 떨어진 조용한 마을에 집을 지어도 도로만 이어져 있으면 문제 될 게 없어요.

# 새처럼 하늘을 날아서

"기계의 힘으로 하늘을 나는 비행기를 만들어 보자!"

자전거 수리공이었던 형 윌버 라이트가 동생 오빌 라이트에게 말했어요. 평소 글라이더에 관심이 많았던 라이트 형제는 힘을 모아 비행기를 만들기로 했어요.

그 동안 많은 사람들이 하늘을 날 수 있는 기구들을 만들어 왔어요. 하늘을 나는 커다란 풍선인 열기구, 수소를 잔뜩 넣어 하늘에 띄운 수소 비행선, 그리고 새의 날개를 닮은 글라이더까지 그 모양도 다양했지요.

특히 라이트 형제는 글라이더를 좋아했어요. 기계를 잘 다루었던 라이트 형제는 글라이더를 직접 만들어 날기도 했어요. 하지만 글라이더를 날리려면 높은 곳에서 뛰어내려야 하기 때문에 아주 위험했어요. 또 글라이더는 하늘을 오래 날지도 못하고, 마음대로 방향을 바꿀 수도 없었답니다.

하늘을 날고 텔레비전을 봐요

"글라이더에 자동차처럼 엔진과 프로펠러를 달면 어떨까?"

"맞아, 그럼 바람의 세기와 방향에 상관없이 날 수 있을 거야."

라이트 형제는 그 동안 하늘을 날았던 기구들은 물론이고 하늘을 날 수 있는 여러 방법들을 연구하면서 몇 해 동안 비행기 만들기에 매달렸어요. 또 글라이더를 이용해 비행 연습을 했어요. 비행기를 만드는 것만큼 공기가 파도처럼 출렁이는 하늘에서 비행기를 조종하는 기술 또한 매우 중요하니까요.

1903년 12월 17일, 첫 번째 비행 실험에서 곤두박질친 플라이어 호의 두 번째 비행 실험이 있었어요. 살을 에는 듯한 겨울바람을 가르며 오빌이 조종석에 탔어요. 형 윌버는 성공을 기도하며 플라이어 호의 이륙을 지켜보았어요. 부웅. 플라이어 호가 떠올랐어요. 그리고 하늘을 날았어요. 12초라는 아주 짧은 시간이었지만 플라이어 호는 36미터를 날았어요. 이 12초는 세계에서 가장 처음으로 비행기를 타고 사람이 하늘을 난 마술과도 같은 순간이었답니다.

• •"새처럼 하늘을 날 수 있으면 얼마나 좋을까?"

아주 오래 전부터 많은 사람들은 하늘을 날고 싶어했어요. 하늘을 나는 기계만 있다면 땅에서 높이 날아올라 세상을 훤히 내려다볼 수도 있고, 빠르게 움직일 수도 있을 테니까요.

가장 먼저 사람을 태우고 하늘에 오른 것은 열기구였어요. 열기구는 커다란 천과 종이로 만든 풍선에 뜨거운 공기를 넣어 하늘로 띄워 올린 탈것이에요. 사람들은 커다란 풍선을 타고 하늘을 여행하는 꿈을 이루게 되었죠.

그 후로 공기보다 가벼운 수소를 넣은 커다란 비행선이 만들어졌어요. 하지만 수소는 불이 잘 붙어 비행선은 언제나 큰불이 날 위험이 있었어요.

열기구나 비행선처럼 하늘을 둥둥 떠다니는 탈것뿐만 아니라 새의 날개처럼 생긴 글라이더도 만들어졌어요. 글라이더는 바람을 이용해 하늘을 나는 기구로 하늘에 오랫동안 떠 있지는 못했어요.

사람들은 기계의 힘을 이용한 비행기를 만들면 오랫동안 하늘을 날 수 있다고 생각했어요. 그 생각을 실제로 이루어 낸 사람들이 바로 라이트 형제예요. 라이트 형제가 만든 플라이어 호가 처음으로 하늘을 난 이후, 프랑스를 비롯한 세계 여러 나라에서 비행기 개발에 박차를 가했어요.

과학자들은 더 빠른 비행기를 만들기 위해 노력했어요. 특히 세계 대전 같은 큰 전쟁들은 비행기를 더욱 발전시켰어요. 하늘을 날며

그리스 신화 속에 나오는 이카루스는 깃털로 날개를 만들어 달고 하늘을 날았어요.

사람이 하늘 높이 올라가도 괜찮을까 염려했던 사람들은 양, 닭, 오리 같은 동물을 열기구에 싣고 실험을 하기로 했어요. 땅에서만 사는 양이 살아 돌아온다면 사람들도 열기구를 타고 하늘을 여행할 수 있을 테니까요.

폭탄을 떨어뜨리면 좀더 빠르게 적군을 공격할 수 있었으니까요. 비록 사람을 죽이는 나쁜 일에 비행기가 쓰였지만 전쟁이 끝나고 난 후, 비행기는 새로운 교통수단으로 자리 잡기 시작했어요.

바람을 가르는 빠른 속력으로 하늘을 나는 비행기 덕분에 사람들의 하루는 길어졌어요. 또 아무리 먼 곳도 제집 드나들듯이 오갈 수 있게 되었지요. 서울에서 아침 식사를, 베이징에서 점심 식사를,

사람들은 글라이더를 타고 높은 곳에서 뛰어내리기도 하고 날개의 모양을 여러 가지로 만들기도 하고, 몸을 이리저리 움직이며 조종해 보기도 했지만 하늘에 오래 떠 있기란 쉽지 않았어요.

비행선은 수소를 채운 주머니 때문에 웬만한 운동장보다도 훨씬 컸지요. 비행선에는 프로펠러가 달려 있어 공기를 뒤로 밀어내면서 앞으로 나갔어요.

도쿄에서 저녁 식사를 하고 다시 서울 자기 집에서 잠자는 것도 가능해졌을 정도니까요. 사람뿐만 아니라 온갖 물건들도 비행기에 실려 이 나라 저 나라로 날아갔어요. 그래서 세계 어디서든 다른 나라의 물건들을 쉽게 구할 수 있게 되었지요.

이제 하늘을 날고 싶어했던 사람들의 꿈은 지구의 하늘뿐만 아니라 우주를 나는 우주선까지 이어지고 있답니다.

## 세상을 보여 주는 가짜 별

"오늘 금복이네 집에 텔레비전 보러 가자!"
"뭐 재미있는 거라도 하나?"
"바보, 라디오도 못 들었어? 오늘이 바로 그날이야, 그날!"
"무슨 날?"
"사람이 달에 도착하는 날!"

두 아이는 금복이네 집을 향해 발바닥에 땀이 나도록 뛰었어요.

1969년 더운 여름날, 온 동네가 술렁였어요. 오늘이 바로 지구에서 발사한 우주선 아폴로 11호가 달에 도착하는 날이거든요.

"드디어 사람이 달에 첫발을 내딛는 역사적인 순간입니다."

아폴로 11호가 달에 착륙하는 모습을 텔레비전으로 지켜보는 사람들은 숨을 죽였어요. 드디어 아폴로 11호가 달에 착륙했어요. 그리고 우주선을 타고 간 우주 비행사가 달 표면에 내렸어요.

"어, 저 사람 걷는 것 좀 봐! 꼭 붕붕 떠다니는 것 같아."

"쉿! 지금 뭐라고 얘기를 하잖아."

사람들은 텔레비전을 통해 달 위를 걷는 우주 비행사의 모습을 보고 목소리도 들을 수 있었어요. 달에 있는 우주 비행사는 미국의 대통령과 전화 통화를 하기도 했어요.

신기한 구경거리에 넋을 잃은 사람들은 벌어진 입을 다물 줄 몰랐어요. 사람이 달에 갈 수 있다는 것도 신기하고, 달에서 일어나는 일을 지구에서 볼 수 있다는 것도 신기했어요.

무엇보다 이 모든 것을 안방에 앉아 이렇게 작은 상자를 통해 볼 수 있다니 도무지 믿기지 않았지요.

"어, 달에는 아무것도 없잖아. 계수나무도 없고 토끼도 없고."

금복이의 볼멘소리에 모두들 웃음을 터뜨렸어요.

"저것 봐요. 저게 우리가 사는 지구래. 정말 곱네, 고와."

달에서 바라보는 지구는 정말 아름다웠어요.

그날 밤, 텔레비전을 본 아이들은 모두 멋진 우주 비행사가 되어 우주선을 타고 우주를 여행하는 꿈을 꾸었답니다.

●●교통과 함께 소식을 주고받는 통신도 더욱 빨라졌어요.

통신 기술의 발달을 가져온 것 중 하나가 광섬유예요. 광섬유는 전기 신호 대신 빛으로 소리나 정보를 전달해요. 빛을 이용하면 더 많은 정보를 빠르게 전달할 수 있어요. 금속으로 된 전선 대신 광섬유를 이용해 전화선을 만들면서 전화도 더욱 사용하기 편리해졌어요. 우리가 사용하는 인터넷도 이 광섬유를 통해 정보를 전달하지요.

옛날에는 집과 집 사이마다 전봇대를 세워 전화선을 연결했어요. 하지만 지금은 머리카락보다 더 가는 광섬유가 들어 있는 케이블을 땅에 묻어서 사용해요.

전화뿐만 아니라 라디오와 텔레비전은 우리 생활을 완전히 바꾸어 놓았어요. 사람들은 방에 가만히 앉아서도 무선 통신을 이용해 정보를 전하는 라디오나 텔레비전을 통해 세계 곳곳의 소식을 신문보다 더 빠르게 알게 되었어요. 사람들은 라디오에서 흘러 나오는 노래를 같이 흥얼거렸고, 텔레비전의 코미디 프로그램을 보며 함께 웃었어요. 텔레비전에서 나오는 옷과 머리모양이 유행하고 라디오나 텔레비전에서 광고하는 물건들이 날개 돋친 듯이 팔렸어요.

어느새 라디오와 텔레비전은 전 세계 사람들이 좋아하는 생활 필수품이 되었고 곳곳에 방송국들이 생겼어요. 세계 여러 나라에 방송국들이 늘어나면서 보다 빠르게 소식을 주고받을 수 있는 통신위성이 개발되었어요.

**통신위성**은 지구에서 쏘아 올린 인공위성으로 지구 주위를 돌면서 한쪽에서 쏜 신호를 받아 다른 곳으로 연결시켜 주는 장치예요.

통신위성으로 세계 모든 사람늘이 더 빠르고 정확하게 소식을 주고받을 수 있게 되었어요. 그만큼 세상은 더욱더 좁아졌어요. 손가락 하나로 텔레비전 전원을 켜거나, 인터넷에 접속하거나, 전화 버튼을 누르기만 하면 세계 어디와도 연결될 수 있으니까요.

# 어둠을 뚫고 땅속을 달린다

"이런, 차가 너무 막히네. 이러다가는 약속 시간에 늦겠는걸."
한 남자가 차에 앉아 안절부절 못 하고 있었어요.
"오늘 중요한 약속이 있는데 이렇게 오도 가도 못 하니 어쩌지."
시간은 자꾸 흘러가는데 자동차들로 가득 찬 도로는 좀처럼 뚫리지 않았어요. 결국 남자는 약속한 시간보다 한 시간이 넘어서야 겨우 그 자리에 도착할 수 있었어요. 하지만 이미 약속한 사람들은 자리를 떠난 뒤였지요.

자동차가 늘어나면서 이런 교통체증은 도시의 큰 골칫거리가 되었어요. 아무리 도로를 잘 닦아 놓는다 해도 출퇴근 시간이면 도시에 몰리는 자동차를 당해 낼 수 없었지요. 또 백화점이나 시장, 큰 건물이 모여 있는 도시 한가운데에는 시도 때도 없이 많은 차들이 한데 뒤엉켜 옴짝달싹 못 했어요.

그것만이 아니었어요. 매일 도시의 도로 위에서는 한바탕 전쟁이 일어났어요. 빠빵 빵빵! 뒤엉킨 차들이 울려 대는 경적 소리에 지나가는 사람들은 귀를 막아야 했어요.

또 수많은 차들이 내뿜는 시커먼 연기에 아침에 입고 나간 하얀 셔츠는 오후만 되면 까맣게 변했어요. 그뿐만이 아니지요. 하루 종일 콜록콜록 마른기침을 해 대야 했어요.

또 도로 위에서는 잠시도 마음을 놓을 수 없었어요. 끔찍한 교통사고 때문에 목숨을 잃거나 다치는 사람들이 아주 많았거든요.

이런 교통 문제를 해결하기 위해 사람들은 머리를 맞대고 의견을 모았어요.

"우리 도시의 교통 문제를 해결하려면 뭔가 대책이 필요해요."

"도로를 더 넓게 만드는 게 어떨까요?"

"길가에 있는 건물들은 어떻게 해요?"

"이제 더 이상 땅 위에서는 해결 방법을 찾을 수 없는 것 같아요."

"그래요, 해결책은 땅 위가 아니라 땅 아래에 있어요. 우리 도시에도 지하철이 필요해요."

곧 지하철 공사가 시작되었어요. 사람들이 많이 사는 곳과 일터가 많은 곳, 그리고 시내 중심가를 잇는 지하철을 놓았어요.

공사가 오래 걸리고 차가 더 막혔지만 사람들은 알고 있었어요. 지금 잠깐 불편한 것을 참으면 더 빠르고 편하게 그리고 많은 사람들이 안전하게 움직일 수 있는 탈것이 생긴다는 것을요. 지하철이 자동차를 대신해 도시 사람들의 또 하나의 발이 되어 줄 것을요.

지하철은 땅속을 달리는 철도예요. 자동차가 늘어나면서 생긴 도시의 교통체증을 해결하고 좀더 빠르게 움직일 수 있는 수단으로 지하철이 만들어졌지요.

맨 처음 지하철이 만들어진 곳은 1863년 영국의 런던이에요. 산업이 발달했던 런던은 마차들로 길이 복잡해지자 땅 아래로 다니는 철도를 만들었어요. 이때는 증기 기관차가 땅속을 달렸어요.

요즘처럼 전기의 힘으로 달리는 지하철은 헝가리의 부다페스트에서 처음 선보였어요. 그 후로 미국을 비롯한 세계 여러 나라에서 지하철을 만들었어요.

요즘에는 지하철이 도시의 가장 중요한 교통수단이에요. 지하철은 속도도 빠르고 안전하며 한꺼번에 많은 사람들을 실어 나를 수 있어요.

또 운행시간이 일정해 시간을 축내는 일도 없지요.

　우리 나라에도 서울을 중심으로 부산, 대구, 광주 등 대도시에 지하철이 다니고 있어요. 특히 서울은 8호선까지 개통되어 도시 곳곳을 거미줄처럼 이어 주고 있지요. 앞으로도 서울의 지하철 노선은 계속 늘어날 거예요.

　지하철은 복잡한 도시의 교통 문제를 해결할 수 있는 깨끗한 교통 수단이에요. 땅속으로 철도를 놓는 작업이 오래 걸리고 돈도 많이 들지만 가까운 미래를 내다보면 이보다 더 좋은 방법을 찾기 어려울 거예요.

　약속에 늦지 않으려면 지하철을 타세요. 지하철을 타면 원하는 곳에 제시간에 도착할 수 있으니까요.

# 빨리 더 빨리, 기차가 빨라졌어요

"자, 모두 일어나자!"

용준이네 가족 모두 아침 일찍 눈을 떴어요. 오늘이 바로 부산으로 하루 여행을 떠나기로 한 날이거든요.

서둘러 아침밥을 먹고 서울역에 도착한 시간은 7시 50분, 용준이네 가족은 플랫폼으로 내려가 KTX열차를 탔어요.

"승객 여러분, 지금 이 기차는 시속 300km에 가까운 빠른 속도로 달리고 있습니다."

시속 300km면 고속도로를 달리는 자동차보다 3배 정도 빠른 속도지만 기차 안에서는 잘 느낄 수 없을 정도로 편안했어요.

드디어 부산 도착! 시계를 보니 오전 11시가 채 되지 않았어요. 용준이네 가족은 부산역에서 지하철을 타고 해운대로 향했어요. 그곳에서 맛있는 점심을 먹고, 오랜만에 바다 구경을 했어요. 용준이는 누나들과 함께 바다에 발도 담그고, 파도를 따라 장난도 쳤어요.

"우리 바다를 가로지르는 다리를 건너 볼까?"

"바다를 건너는 다리요?"

"그래, 여기서 택시를 타면 바다에 놓여진 커다란 다리인 광안대교를 건널 수 있단다."

창 밖으로 넓디넓은 바다가 펼쳐졌어요. 용준이는 배가 아니라 차를 타고 바다를 건너는 게 정말 신기하고 재미있었어요.

"자, 이제 자갈치 시장에 한번 가 볼까?"

용준이네 가족은 바다 냄새 가득한 자갈치 시장으로 갔어요. 그곳은 크고 작은 배들과 수많은 생선들이 넘쳐나는 활기찬 곳이었어요.

시장 구경을 끝낸 후, 용준이네 가족은 가까운 곳에 있는 용두산 공원으로 갔어요. 용두산 공원에 오르자 부산이 한눈에 들어왔어요.

"와, 저기 봐요. 커다란 배들이 아주 많아요."

부산항에는 커다란 화물선들이 많았고 키가 큰 크레인과 네모난 컨테이너 박스들도 무척 많았어요. 남포동에서 맛있는 저녁을 먹고 7시에 용준이네 가족은 서울로 오는 KTX열차를 탔어요.

'정말 즐거운 하루였어. 학교에 가면 친구들에게 실컷 자랑해야지.'

용준이는 차창 밖으로 빠르게 멀어져 가는 풍경을 보며 부산과 아쉬운 작별 인사를 나누었어요.

하늘을 날고 텔레비전을 봐요

　　우리가 살고 있는 세상은 아주 빠르게 돌아가요. 몇 초마다 세상에는 새로운 물건들이 만들어지고, 새로운 발명이 이루어지죠.

　이렇게 빠르게 변하는 세상에서 시간은 아주 중요해요. 사람들은 좀더 빠르게 정보를 얻고, 좀더 빠르게 움직이기를 원해요. 그래서 대부분의 교통수단들이 더 빨리 움직이도록 발전해 왔어요.

　그 가운데 놀라울 정도로 빨라진 것이 고속철도예요. 고속철도는 보통 기차보다 아주 빨리 달리는 기차예요. 시속 300km 이상으로 빠르게 달리는 고속철도는 비행기 다음으로 빠른 교통수단이에요.

　고속철도가 가장 먼저 생긴 곳은 일본이에요. 일본에서 신칸센이라는 고속철도가 운행된 후, 프랑스에도 테제베라는 고속철도가 생겼어요. 또 독일에는 이체, 에스파냐에는 아베라는 고속철도가 달리고 있지요. 우리 나라에서도 얼마 전 테제베를 모델로 한 고속철도

고속철도는 비행기 다음으로 빠르고 배 다음으로 많은 사람을 태울 수 있어요. 또한 배나 비행기에 비해 날씨 영향도 적게 받고 도시에서의 이용도 편리한 교통수단이랍니다.

KTX가 개통되어 운행을 시작했어요. KTX는 서울에서 부산까지 3시간 안에 달릴 수 있어요. KTX가 개통되면서 이제 반나절이면 전국 어디라도 갈 수 있게 되었지요.

고속철도는 땅 위를 달리는 가장 빠른 교통수단이에요. 고속철도는 전기의 힘으로 움직이기 때문에 공해가 적고, 비행기와는 달리 여러 도시를 거칠 수 있어요. 고속철도가 지나는 도시에는 사람들이 빠르게 오갈 수 있기 때문에 그 지역의 관광산업에도 도움을 주지요. 또 철도에 관련된 고도의 기술이 발전하면서 더불어 여러 가지 산업도 함께 발전할 수 있어요.

한꺼번에 많은 사람들이 빠르게 움직일 수 있는 고속철도의 등장으로 세상은 더욱 빨라지고 사람들의 발걸음이 가벼워졌어요. 이제 아침에 집을 나서 다른 지방에 가서 일을 보고 다시 저녁 때 집으로 돌아오는 일이 가능해졌으니까요.

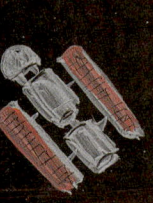

현대와 이어진 미래 여행

# 5 우주선을 타고 전자우편을 보내요

# 거미줄처럼 이어진 세계

　우리 엄마는 예쁜 가방을 만들어서 파는 가게를 해요. 하지만 엄마의 가게는 상가에도 시장에도 없어요. 바로 컴퓨터 안에 있지요. 엄마는 컴퓨터 안에 가게를 만들어 물건들을 진열하고, 손님들과 이야기를 나누어요.

　이 특별한 가게에는 손님들이 아주 많아요. 우리 나라뿐만 아니라 다른 나라 사람들도 엄마가 만든 가방을 사지요. 엄마의 가게는 늘 구경 온 사람들로 분주해요. 하루에도 꽤 많은 사람들이 엄마의 홈페이지에 접속하거든요.

　엄마는 컴퓨터로 가게만 하는 것이 아니에요. 저녁 반찬거리도, 아빠의 새 바지도 인터넷으로 주문해요. 다른 사람들이 엄마의 가게를 이용하는 것처럼 엄마도 인터넷으로 쇼핑을 하지요.

　아빠도 인터넷으로 기차표나 비행기표를 예약하고, 출장 갈 곳에 호텔을 미리 예약해요. 다른 나라까지 직접 가 보지 않아도 아빠는 모니터를 통해 호텔 안을 구경할 수 있고, 어떤 시설들이 있는지 알 수 있어요. 또 다른 호텔들과 가격도 비교할 수 있지요.

미술을 공부하는 누나는 유럽 여러 나라에 있는 미술관에 자주 놀러 가요. 컴퓨터를 통해 세상에 단 하나밖에 없는 그림들을 볼 때면 누나의 작은 방은 어느새 근사한 미술관으로 변하지요.

나도 미국에 있는 친구와 전자우편으로 편지를 주고받고, 메신저로 매일 이야기도 나누어요. 또 같은 게임 사이트에서 만나 함께 게임을 하기도 해요. 우리가 하는 게임은 다른 나라 친구들과도 어울려 할 수 있어요. 컴퓨터는 세상과 연결된 커다란 놀이터 같아요.

우리에게 인터넷은 아주 익숙한 통신수단이지만 우리 할아버지, 할머니는 이런 세상을 상상이나 했을까요?

우리에게는 처음 기차를 타면서 빠른 속도에 깜짝 놀라고, 전화기를 통해 들려오는 목소리를 듣고 가슴이 철렁했다던 할아버지 할머니의 얘기가 정말 옛날 이야기인 것 같아요.

그 동안 우리들의 생활은 많이 달라졌어요. 예전에는 넓고 크기만 했던 세상이 이제는 거미줄처럼 가는 선으로, 또는 무선 신호로 연결되어 바로 옆에 있는 것보다 더 가까워졌어요.

앞으로는 세상이 더 좁아지고 가까워졌으면 좋겠어요. 다른 지역, 다른 나라에서 일어나는 일들을 방 안에서 바로바로 알 수 있을 만큼 좁아진 세상에서 우리들의 마음도 그만큼 가까워진다면 전쟁 같은 것은 일어나지 않을 테니까요.

우주선을 타고 전자우편을 보내요

•• 백여 년 전만 해도 먼 곳에 가거나 서로 소식을 주고받으려면 꽤 많은 시간이 걸렸어요. 하지만 요즘은 방송과 인터넷이 있어 언제 어디서든 빠르게 소식을 주고받고 생생한 정보를 얻을 수 있지요.

처음에는 지금처럼 많은 사람들이 인터넷을 이용하진 못했어요. 1961년, 미국에서 두 대의 컴퓨터를 연결해 서로 통신하는 데 성공한 후 전화선으로 컴퓨터를 연결해 통신하는 방법이 개발되었어요.

1991년에는 컴퓨터를 서로 연결하는 방식인 www(world wide web)가 만들어져 전 세계에 인터넷 열풍을 일으켰지요. 인터넷은 우편이나 전화, 팩시밀리의 기능을 하나로 묶은 아주 편리한 통신 수단이에요. 인터넷은 정보가 전달되는 속도가 빨라서 세계 어디서나 전자우편은 물론, 소리와 그림까지 자유롭게 전달할 수 있어요.

하지만 인터넷이 꼭 좋은 것만은 아니에요. 정부, 은행, 중요한 기관들이 인터넷으로 연결되어 있기 때문에 마음만 먹으면 프로그램에 침입해 큰 피해를 줄 수 있어요. 순식간에 나라의 중요한 비밀이 빠져 나가고, 다른 사람의 은행계좌에서 돈을 빼낼 수도 있지요.

인터넷상에 이유 없이 나쁜 소문을 올려 다른 사람들에게 피해를 주는 경우도 많아요. 또 인터넷에 떠도는 수많은 정보 가운데 정말로 내게 필요하고 유익한 정보를 찾는 것도 쉽지 않아요.

이렇게 인터넷은 친구가 될 수도 있고, 적이 될 수도 있어요. 물론, 마음을 열고 바르게 이용한다면 인터넷은 세상과 나를 연결해 주는 우리들의 좋은 친구가 될 거예요.

전 세계를 하나로 이어 주는 인터넷은 우리 생활을 빠르게 변화시켰어요. 많은 사람들이 직장에 나가지 않고도 일을 할 수 있게 되었고, 집에서 편리하게 쇼핑도 하지요. 또 학교에 가지 않아도 온라인으로 수업을 들을 수 있어요. 병원이 멀다면 인터넷을 통해 간단한 진료를 받을 수도 있답니다.

# 사람을 닮은 미래의 교통수단

"인터넷 가상의 학교에 입학해 공부해 보기로 해요. 이 프로그램에는 세계 각국의 어린이들이 참여할 거예요."

용준이네 교실이 들썩였어요.

"먼저 배우고 싶은 과목을 정하고 각자 원하는 인터넷 학교에 들어가 공부를 해 보는 거예요."

인터넷 학교에 다니며 전 세계 친구들과 함께 수업을 받고 같이 힘을 모아 숙제를 한다니, 정말 재미있겠지요?

용준이는 자동차에 대해 공부하는 학교에 다니기로 했어요. 그리고 이 학교에서 사람이 직접 운전하지 않아도 스스로 움직일 수 있는 자동차를 연구하기로 했어요.

인터넷 학교에는 용준이처럼 컴퓨터가 사람 대신 운전하는 자동차에 대해 관심을 갖고 있는 친구들이 많았어요. 용준이는 세계 각국의 친구들과 함께 숙제를 하기 위해 컴퓨터 앞에 앉았어요.

메리

우리 오빠는 지난해에 교통사고를 당해 운전을 할 수 없어. 우리 오빠처럼 장애가 있는 사람들도 혼자서 탈 수 있는 자동차가 있었으면 좋겠어.

피터

우리 아빠는 자동차 기술자야. 우리 아빠가 그러시는데 얼마 후면 진짜로 컴퓨터가 운전하는 자동차가 나올지도 모른대.

용준

컴퓨터가 운전하는 자동차가 나오면 교통사고도 줄어들 거야. 컴퓨터는 교통법규도 잘 지키고, 술을 먹고 운전하지도 않을테니까.

아사코

하지만 컴퓨터는 치명적인 오류가 생길 수 있어. 만약에 컴퓨터가 고장을 일으키면 눈 깜짝할 사이에 끔찍한 사고가 일어날지도 몰라.

메리 (미국)
피터 (독일)
용준 (한국)
아사코 (일본)

나가기

**용준** : 우리가 직접 컴퓨터로 움직이는 자동차를 디자인해 보면 어떨까? 메리의 오빠나 우리 할아버지처럼 운전이 어려운 사람들도 쉽게 몰고 다닐 수 있는 자동차로 만들어 보자.
**피터** : 좋은 생각이야.
**메리** : 그거 재미있겠는데. 당장 시작하자.

아이들은 이번 과제로 컴퓨터로 움직이는 자동차를 디자인하기로 결정했어요. 각자 자동차의 부분을 맡아 디자인을 하고 이것을 모아 새로운 기능과 모양을 가진 차를 만들기로 했어요. 그리고 이 차의 이름을 모두 함께 한다는 뜻의 '투게더'로 하기로 했어요. 함께 마음을 모아 디자인한 투게더의 모습이 어떨지 벌써부터 궁금해지는데요.

우주선을 타고 전자우편을 보내요

미래의 교통수단은 지금과 어떻게 다를까요? 하늘을 나는 열차, 물속으로 잠수하는 자동차, 우주를 여행하는 비행기 등 영화나 책에서 보았던 꿈 같은 이야기들이 정말로 이루어질 수 있을까요? 여러분들이 상상하는 미래의 교통수단은 무엇인가요?

전 세계 과학자들은 지금 이 시간에도 여러 가지 새로운 교통수단들을 개발하고 있어요. 이들은 환경을 해치지 않고 연료 걱정을 하지 않아도 되는 교통수단들을 만들기 위해 여러 가지 실험을 거듭하고 있답니다.

전기 자동차는 휴대전화처럼 전기를 충전해 연료로 쓰는 자동차예요.

태양열 자동차는 태양열로 에너지를 얻어 달리는 자동차예요.

자기 부상 열차는 자석의 힘을 이용해 열차를 공중에 띄워 움직이는 열차예요. 공중에 떠서 달리기 때문에 시끄러운 소리나 흔들림이 없고, 다른 열차에 비해 연료를 적게 써 환경 오염도 줄일 수 있어요.

　미래에는 하늘에도 길이 생길지 몰라요. 그 길은 우주로 뻗어 나갈 거예요. 저마다 비행기를 타고 하늘을 날아 움직이고, 원한다면 누구나 달나라 여행도 할 수 있겠지요.

　지금은 즐거운 상상 속의 일들이지만 언젠가는 이루어질 거예요. 하늘을 날고 싶어했던 사람들이 비행기를 만들고, 말 없이 달리는 마차를 만들고 싶어한 사람들이 자동차를 만들어 낸 것처럼요.

　미래의 교통수단은 사람을 많이 닮았으면 좋겠어요. 아름다운 지구를 지키려는 우리들의 마음을 닮고, 생각도 잘 하고 상상도 잘 하는 우리들의 머리를 닮은 똑똑한 교통수단이 만들어진다면 얼마나 좋을까요? 상대방을 먼저 생각하고 교통법규도 잘 지키는 교통수단이 만들어진다면 또 얼마나 좋을까요? 그럼 환경 오염이나 교통체증, 교통사고 따위는 모두 옛말이 되겠지요.

| 여 | 행 | 을 | 마 | 치 | 며 |

여행은 즐거웠니? 너무 빨리 움직여 숨이 차지는 않았니?
자, 잠시 공항과 항구, 기차역에 내려보지 않을래?
공항이나 항구, 기차역은 여행이 시작되는 곳이기도 하고, 여행이 끝나는 곳이기도 해. 많은 사람들이 오가고, 많은 물건들이 오가기도 하지.
아침에 공항에서 비행기를 타면 저녁에는 다른 나라에 도착할 수 있어. 또 공항에서 자동차를 타고 기차역으로 가서 인터넷으로 미리 예매한 기차표를 찾아 기차를 타면 몇 시간 뒤에는 다른 도시에 닿을 수 있지.
항구에는 한 달 전에 전화로 주문한 외국 물건들이 도착하고, 배에서 내려진 물건들은 기차나 트럭에 실려 큰 도시로 옮겨 가지. 물론 인터넷을 통해 물건이 어디까지 왔는지도 언제든지 확인할 수 있어.
어때? 다른 나라가 이웃 마을같이 느껴지지 않니?
교통과 통신의 발달은 지구를 좁아지게 만들었고,
사람들의 마음도 가깝게 이어 주었단다.

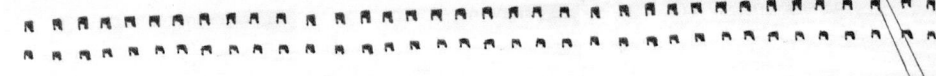

이제 우리들의 여행은 어디까지 이어질까? 또 얼마나 빨라질까? 그리고 지구촌 사람들은 모두 친구가 될 수 있을까?
이런 모든 것들의 해답은 너희들 안에 있어. 아주 오랜 옛날, 바퀴를 만들어 세상을 좁혔던 사람들처럼 교통과 통신을 바르게 사용하는 너희들이 이 세상을 좀더 가깝게 만들 수 있단다.

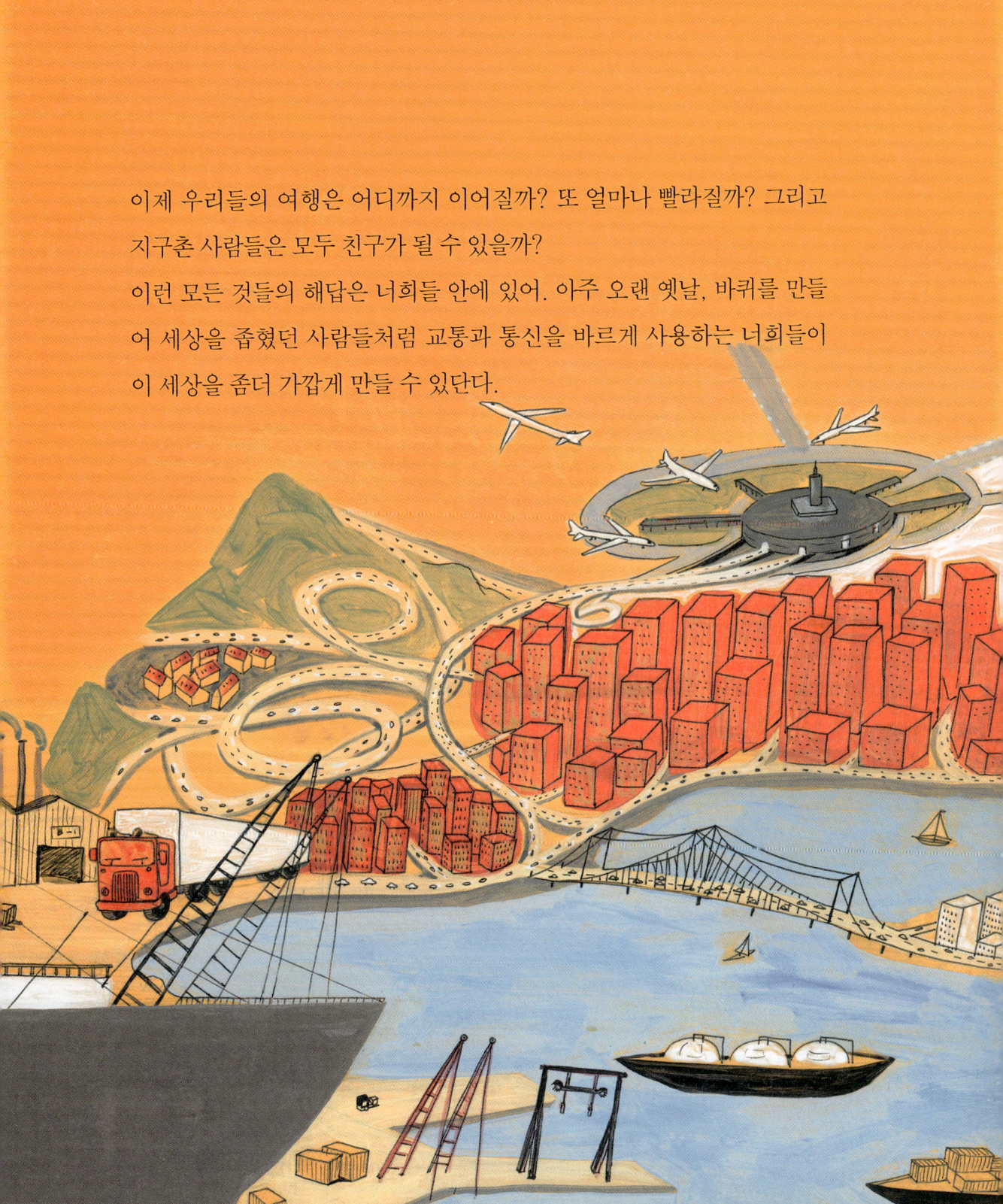

초등사회 주제학습 03 교통과 통신
바퀴에서 우주선까지, 연기에서 인터넷까지

지은이 | 청동말굽
그린이 | 민은정

펴낸날 | 2006년 1월 5일 초판 1쇄
         2010년 6월 20일 개정판 2쇄

펴낸곳 | (주)도서출판 북멘토
펴낸이 | 김태완
편집주간 | 강봉구(bkkang67@naver.com)
마케팅 | 이용구
책임편집 | 황서현
디자인 | 긴텍스트

출판등록 | 제6-800호(2006. 6. 13)
주소 | 121-816 서울시 마포구 동교동 113-81, 2층
전화 | 02-332-4885  팩스 | 02-332-4875
홈페이지 | http://www.bookmentorbooks.co.kr

ⓒ 청동말굽, 민은정 2006

* 잘못된 책은 바꾸어 드립니다.
* 이 책은 저작권법에 따라 보호를 받는 저작물이므로 무단전재와 무단복제를 금합니다. 이 책의 전부 또는 일부를 쓰려면 반드시 저작권자와 출판사의 허락을 받아야 합니다.
* 책값은 뒤표지에 있습니다. ISBN 978-89-92410-25-0  73300